Kleine Deutsch-Stars für Einsteiger: Mit Spaß lernen!

Liebe Kinder,

mit diesem Heft könnt ihr selbstständig üben:

- zur Vorbereitung auf die Schule.
- in der 1. Klasse.
- zu Hause, wenn ihr noch mehr üben wollt.

Und so wird geübt:

- Bearbeite eine Seite. Du kannst auch mit jemandem zusammen die Seiten entdecken und lösen.
- Vergleiche deine bearbeitete Seite mit dem Lösungsheft und verbessere Fehler. Lass dir bei Fragen helfen.
- Immer, wenn du zwei Seiten geschafft hast, darfst du einen Stern hinten in das Heft kleben.
- Wenn du alle Seiten bearbeitet und mit den Sternen das Bild geschmückt hast, bist du ein kleiner **Deutsch-Star**!

Zum Schluss möchte sich noch Rudi vorstellen.
Er begleitet euch in diesem Heft.

Viel Spaß bei den Übungen!

Zeichenerklärung

nachspuren

verbinden

einkreisen

malen und zeichnen

durchstreichen

ausschneiden

Inhaltsverzeichnis

Übungsschwerpunkte:

Mot Motorik
Vis visuelle Wahrnehmung
Pho phonologische Bewusstheit
Log logisches Denken
Spr Sprechen und Sprachfähigkeit/ Begegnung mit Schrift

Fahre die grauen Linien nach.
Male dann das Bild farbig aus.

Fahre die grauen Linien nach.
Male dann das Bild farbig aus.

Was ist gleich? Kreise ein.

Findest du die Ausschnitte im großen Bild? Kreise sie dort ein.

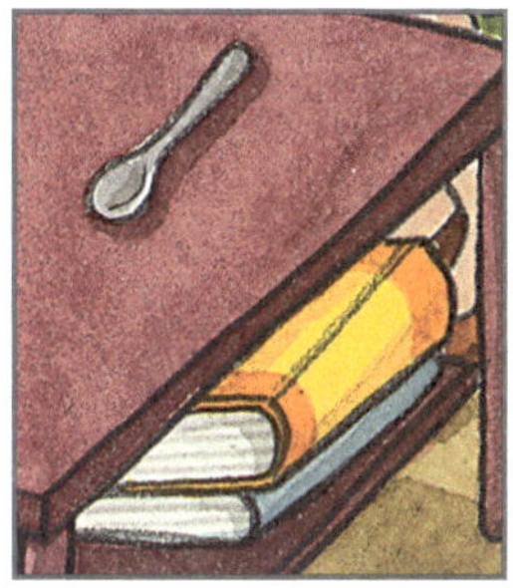

Was reimt sich? Verbinde.

Ist das Wort kurz oder lang? Male Punkt ● oder Strich —.

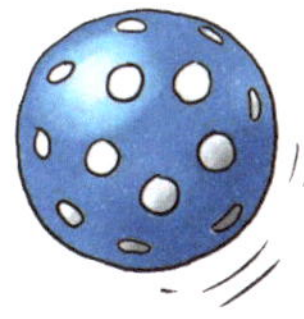

● —

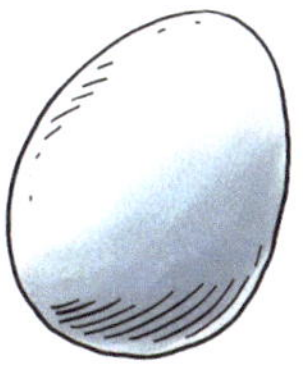

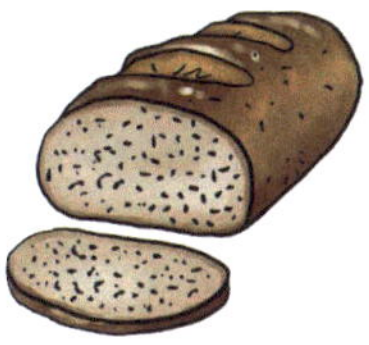

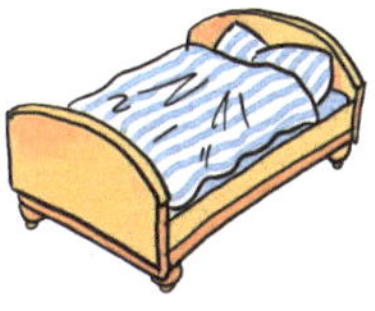

Was passt nicht dazu? Streiche durch.

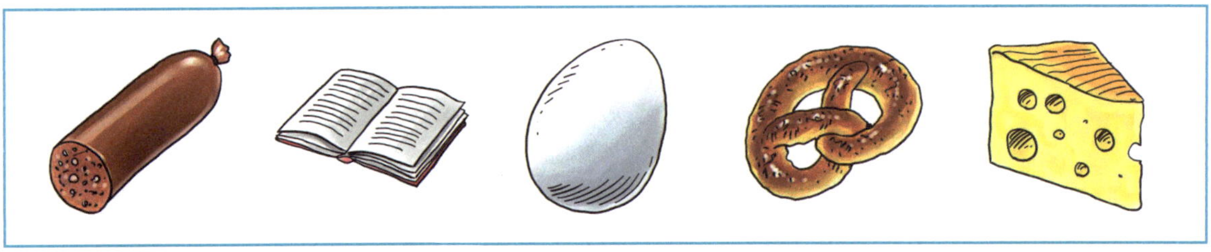

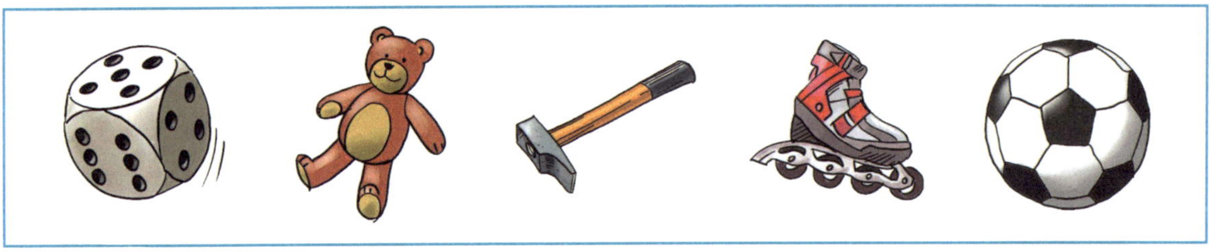

Male die Drachenschnüre im gleichen Muster weiter.

Was hat den gleichen Namen? Verbinde.

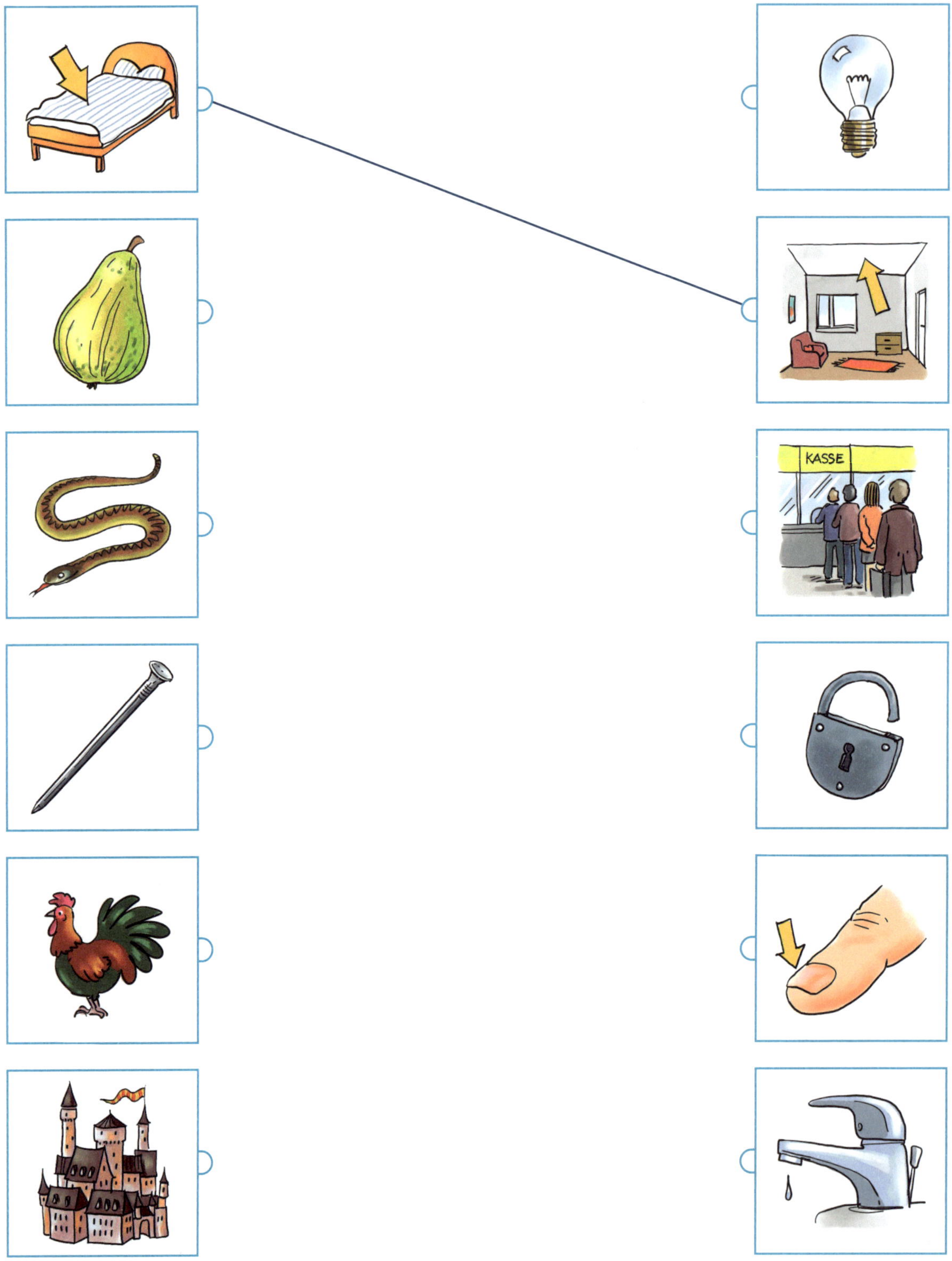

Was gehört in welchen Raum? Male in der richtigen Farbe an.

Fahre die grauen Linien nach.
Male dann das Bild farbig aus.

Fahre die grauen Linien nach.
Male dann das Bild farbig aus.

Wohin laufen die Kinder? Fahre mit verschiedenen Farben nach.

Male alle Kinder, die nach links ⟵ laufen, lila an.
Male alle Kinder, die nach rechts ⟶ laufen, rot an.

Ist das Wort kurz oder lang? Male Punkt ● oder Strich —.

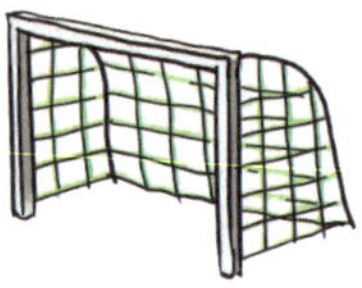

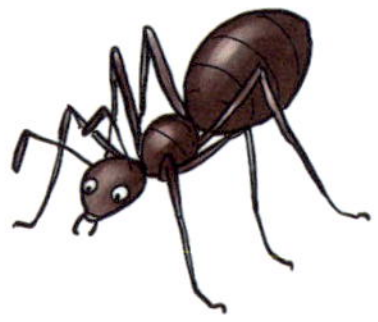

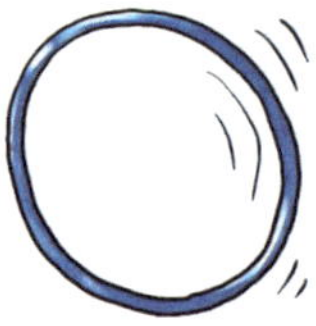

Schwinge die Silben und male die Silbenbögen.

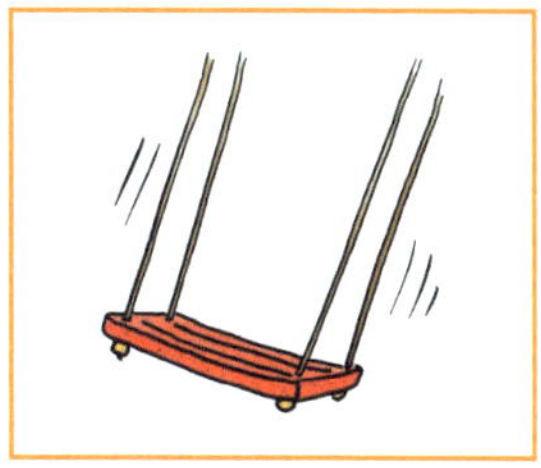
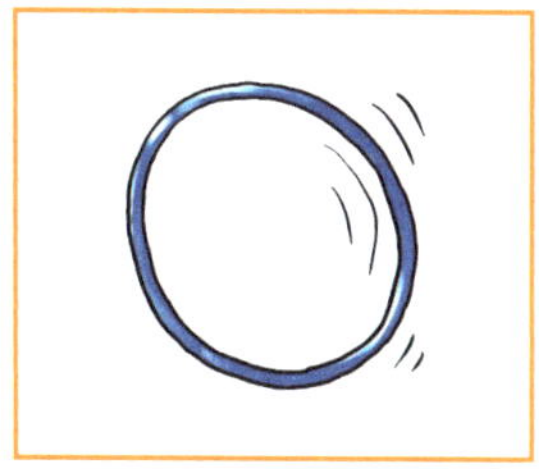

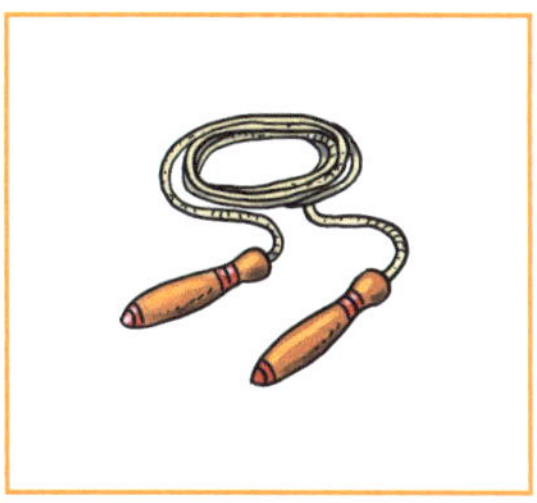
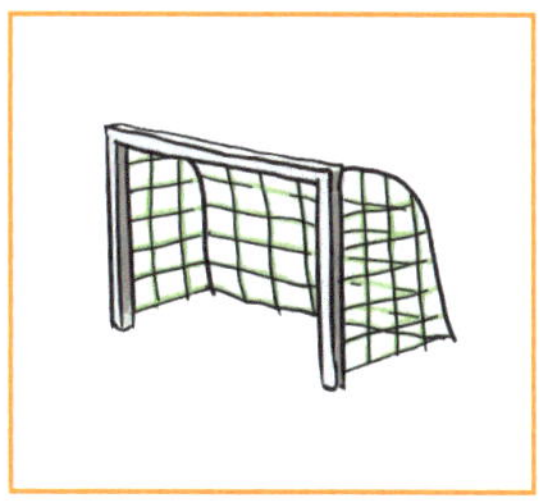

Wo sind die 8 ⁘ ⁘ Fehler im Bild? Kreise sie ein.

Male im gleichen Muster weiter.

Verbinde die Gegensätze.

Was gehört zusammen? Verbinde.

Fahre die grauen Linien nach.
Male dann das Bild farbig aus.

Fahre die grauen Linien nach.
Male dann das Bild farbig aus.

Findest du die Dinge im großen Bild wieder? Fahre sie nach.
Male dann die Dinge farbig aus.

Links ←, rechts →, oben ↑ oder unten ↓?

Male den und die passend an.

Was reimt sich? Verbinde.

Schwinge die Silben und male die Silbenbögen.

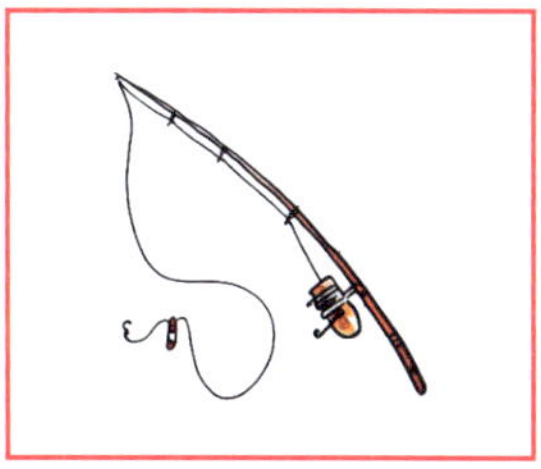

Was passt nicht dazu? Streiche durch.

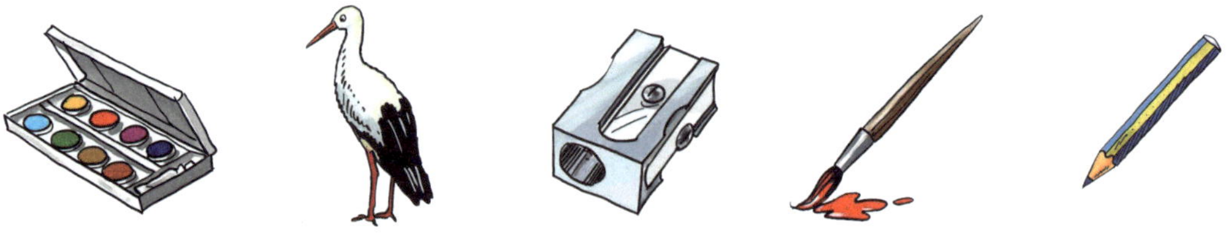

Was passiert nun? Verbinde.

Was gehört wohin? Male in der richtigen Farbe an.

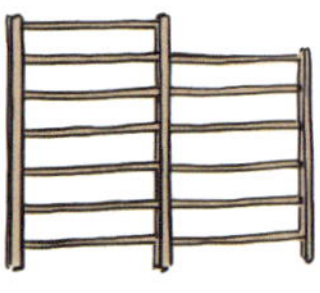

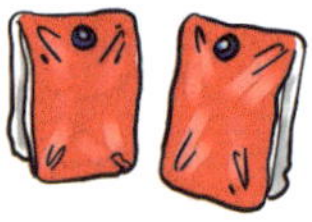

Lösungen Kleine Deutsch-Stars: Vorübungen zum Lesen und Schreiben

(zum Heraustrennen die mittlere Klammer lösen)

Fahre die grauen Linien nach.
Male dann das Bild farbig aus.

Zeige dein Bild einem Erwachsenen.

Fahre die grauen Linien nach.
Male dann das Bild farbig aus.

Zeige dein Bild einem Erwachsenen.

Was ist gleich? Kreise ein.

Findest du die Ausschnitte im großen Bild? Kreise sie dort ein.

Reimwörter verbinden

Was reimt sich? Verbinde.

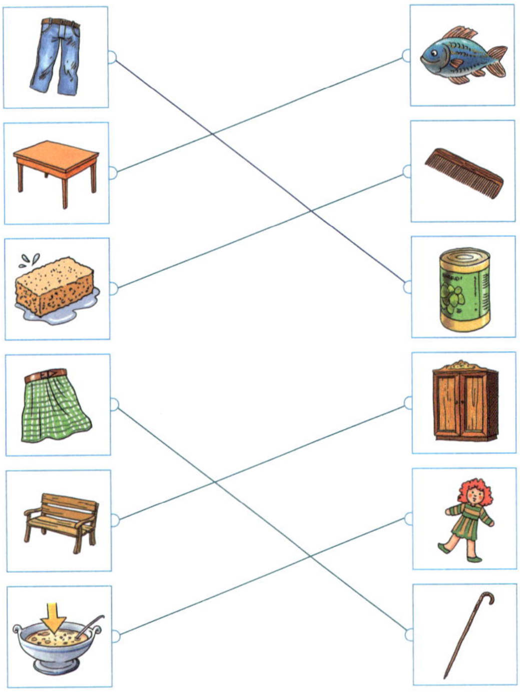

Wortlängen hören

Ist das Wort kurz oder lang? Male Punkt ● oder Strich —.

Fehler in der Reihe erkennen

Was passt nicht dazu? Streiche durch.

Muster weitermalen

Male die Drachenschnüre im gleichen Muster weiter.

Was hat den gleichen Namen? Verbinde.

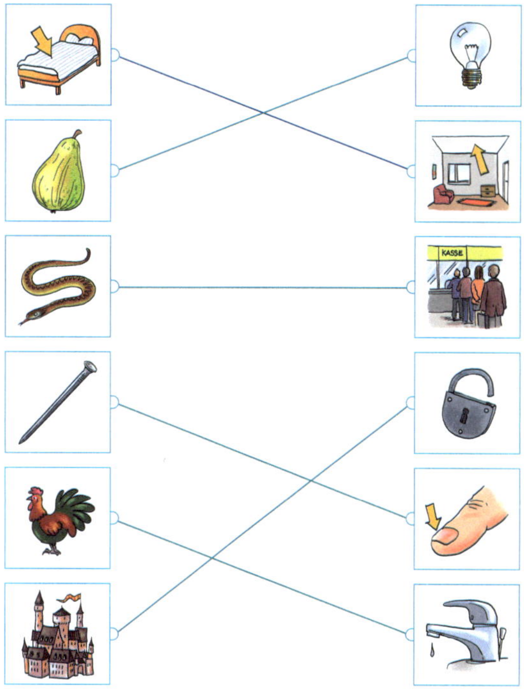

Was gehört in welchen Raum? Male in der richtigen Farbe an.

Fahre die grauen Linien nach.
Male dann das Bild farbig aus.

Zeige dein Bild einem Erwachsenen.

Fahre die grauen Linien nach.
Male dann das Bild farbig aus.

Zeige dein Bild einem Erwachsenen.

Wege finden

Wohin laufen die Kinder? Fahre mit verschiedenen Farben nach.

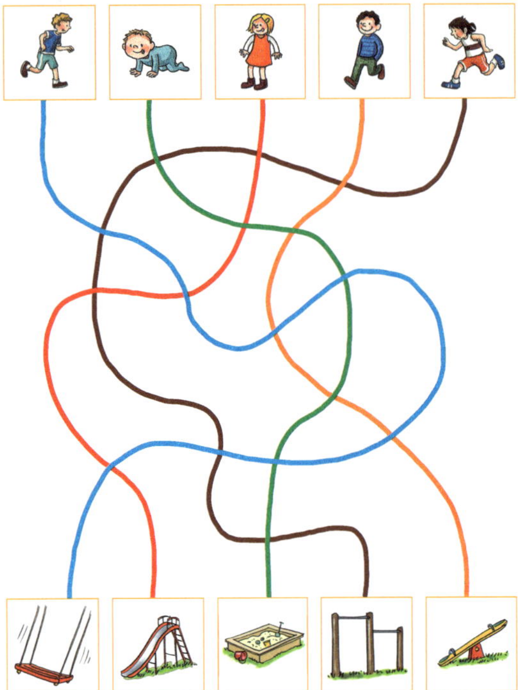

Links oder rechts?

Male alle Kinder, die nach links ⟵ laufen, lila an.
Male alle Kinder, die nach rechts ⟶ laufen, rot an.

Wortlängen hören

Ist das Wort kurz oder lang? Male Punkt • oder Strich —.

Silben schwingen

Schwinge die Silben und male die Silbenbögen.

Fehler im Bild erkennen

Wo sind die 8 ⚄ ⚄ Fehler im Bild? Kreise sie ein.

Muster weitermalen

Male im gleichen Muster weiter.

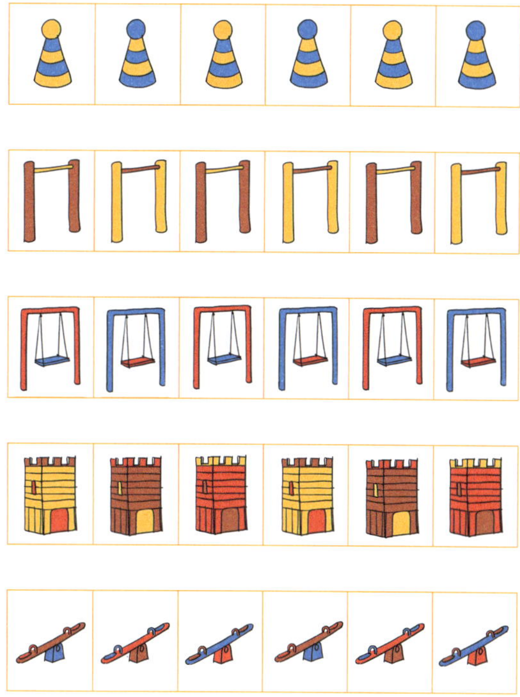

Gegensätze verbinden

Verbinde die Gegensätze.

Wörter zusammensetzen

Was gehört zusammen? Verbinde.

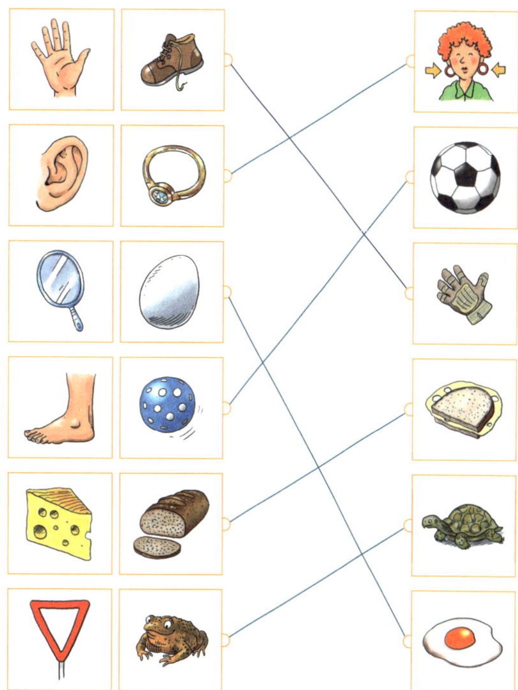

Fahre die grauen Linien nach.
Male dann das Bild farbig aus.

Zeige dein Bild einem Erwachsenen.

Fahre die grauen Linien nach.
Male dann das Bild farbig aus.

Zeige dein Bild einem Erwachsenen.

Findest du die Dinge im großen Bild wieder? Fahre sie nach.
Male dann die Dinge farbig aus.

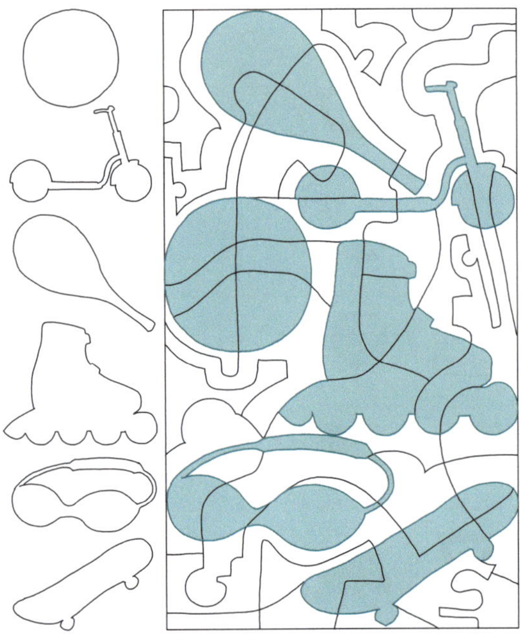

Links ⟵, rechts ⟶, oben ↑ oder unten ↓?
Male den ◯ und die passend an.

Was reimt sich? Verbinde.

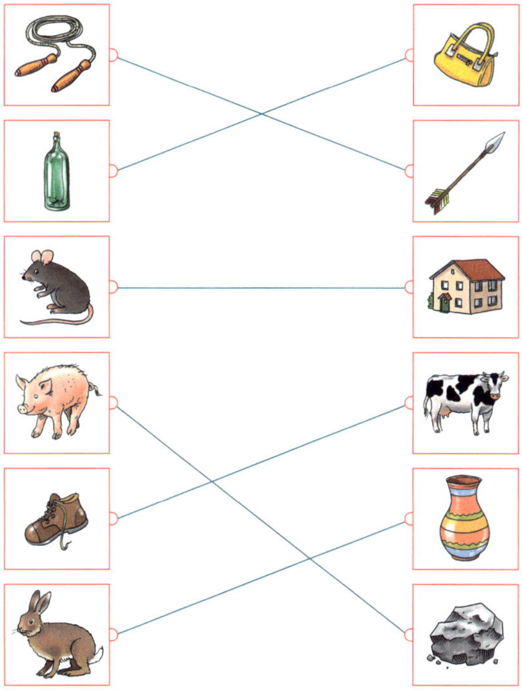

Schwinge die Silben und male die Silbenbögen.

Was passt nicht dazu? Streiche durch.

Was passiert nun? Verbinde.

Was gehört wohin? Male in der richtigen Farbe an.

Was gehört in welchen Koffer? Verbinde.

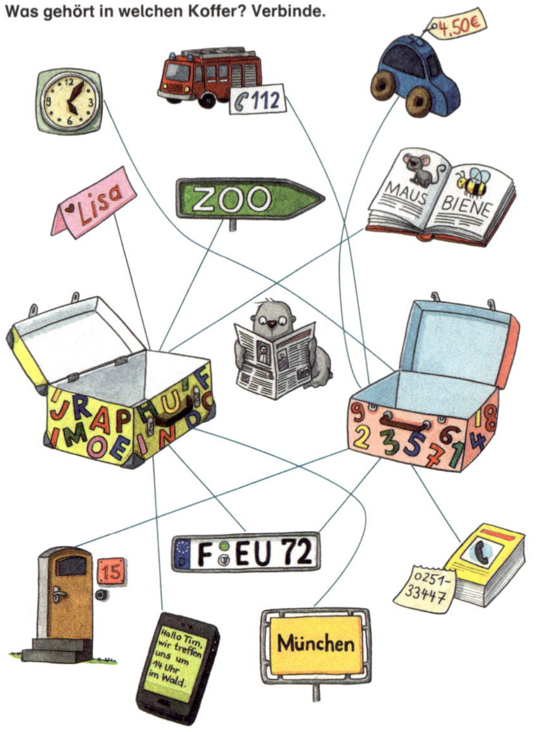

Fahre die grauen Linien nach.
Male dann das Bild farbig aus.

Zeige dein Bild einem Erwachsenen.

Fahre die grauen Linien nach.
Male dann das Bild farbig aus.

Zeige dein Bild einem Erwachsenen.

Was ist gleich? Kreise ein.

Fahre die Buchstaben nach.
Übertrage sie dann in das Gitter.

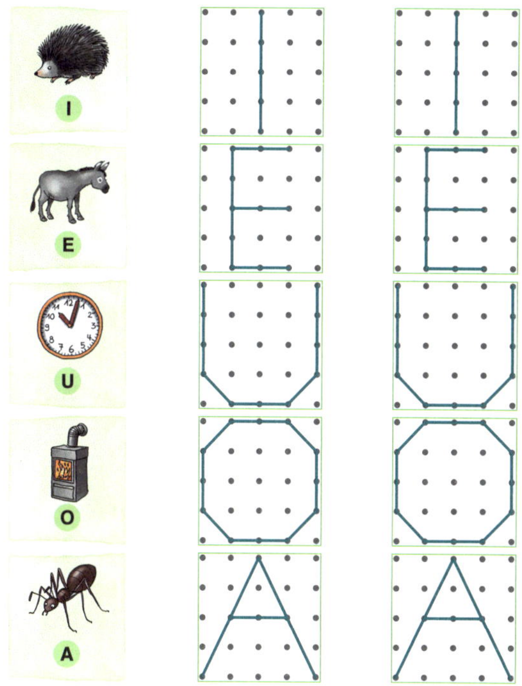

Was hört sich am Anfang anders an? Streiche durch.

Schwinge die Silben und male die Silbenbögen.
Was hört sich am Anfang gleich an? Verbinde.

Was gehört zusammen? Verbinde.

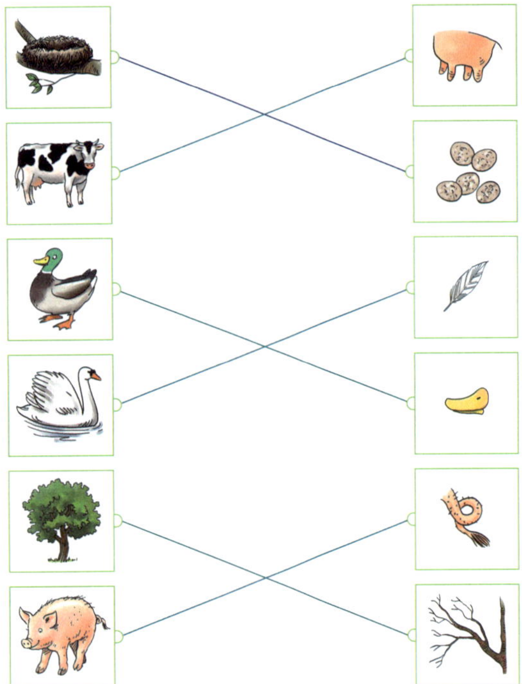

Wo sind die 10 Fehler im Bild? Kreise sie ein.

Was gehört zusammen? Verbinde.

Verbinde die Bilder zu einer Geschichte.
Male dann die drei Bilder aus.

Zeige deine Bilder einem Erwachsenen.

Fahre auf den Fahrbahnen mehrere Achter-Runden nach.
Male dann das Bild farbig aus.

Zeige dein Bild einem Erwachsenen.

Fahre die grauen Linien nach.
Male dann das Bild farbig aus.

Zeige dein Bild einem Erwachsenen.

Welche Schilder gehören zusammen? Verbinde.
Male die Schilder gleich an. Weißt du, was sie bedeuten?

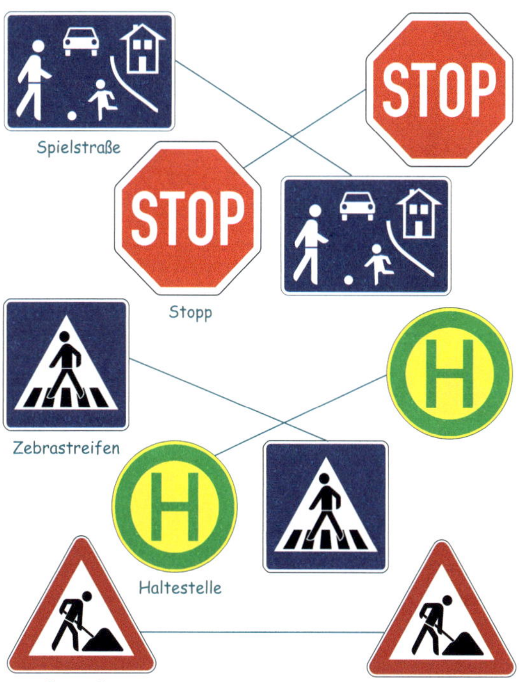

Was ist gleich? Fahre farbig nach.

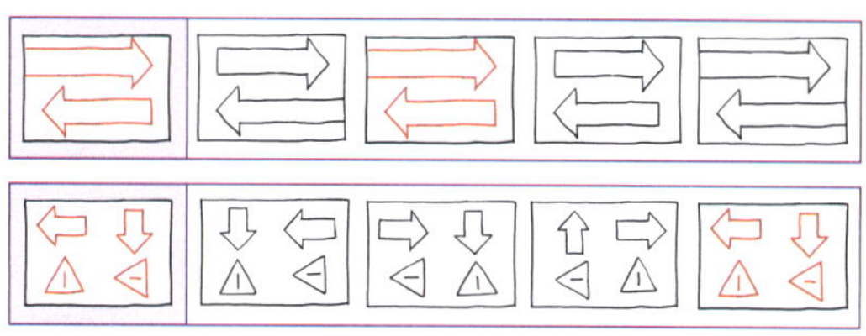

	A	RATNASPAXLAV
	E	BEMZEWEXLTEF
	I	LTIPCINIKIZRNIL
	O	ZYOPOMBOTON
	U	SWUTUPUXVUY

Was hört sich am Anfang anders an? Streiche durch.

Schwinge die Silben und male die Silbenbögen.
Was hört sich am Anfang gleich an? Verbinde.

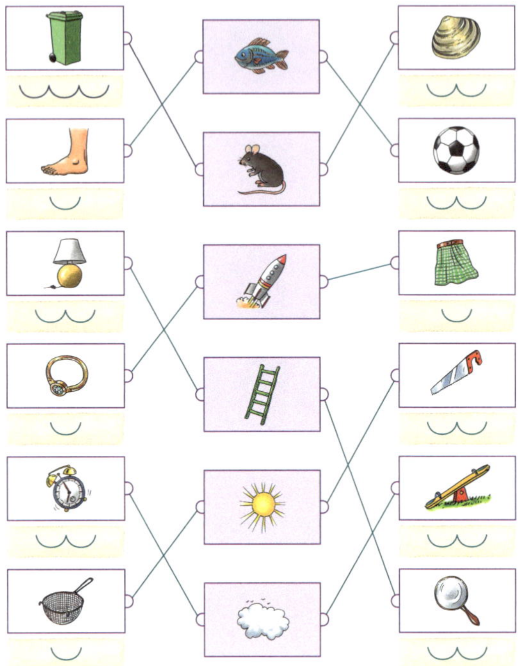

Was passiert nun? Verbinde.

Was gehört zusammen? Verbinde.

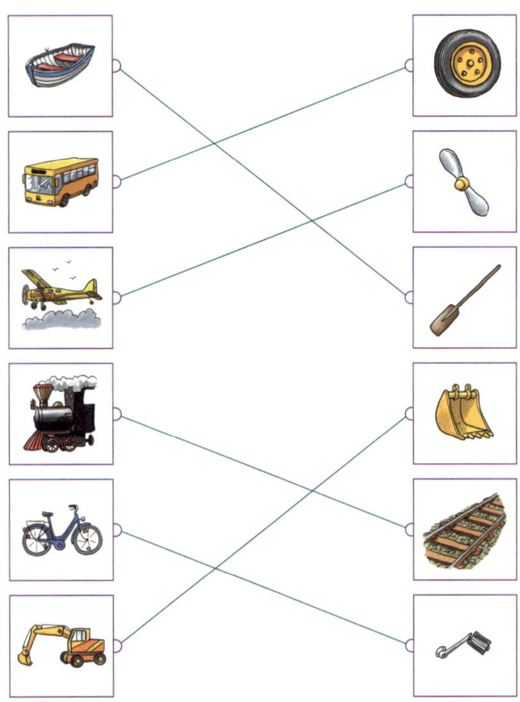

Handlungen zuordnen

Was gehört zusammen? Verbinde.

Bilder zu einer Geschichte verbinden

Verbinde die Bilder zu einer Geschichte.
Male dann die drei Bilder aus.

Zeige deine Bilder einem Erwachsenen.

Schwungübungen

Fahre die Formen auf der Tafel nach.
Male sie dann in den Linien weiter.

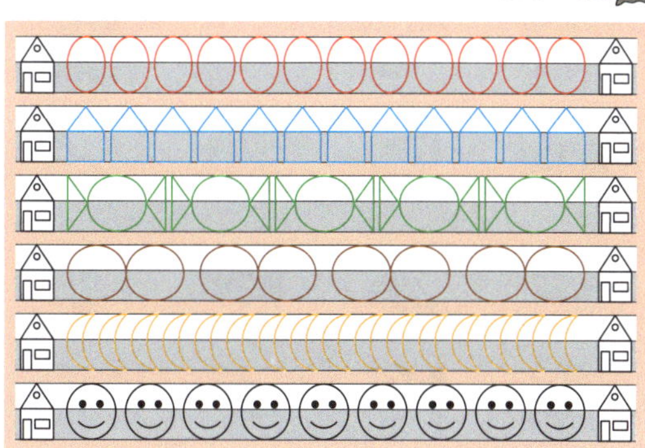

Schwungübungen

Fahre die Formen auf dem Zettel nach.
Male sie dann in den Linien weiter.

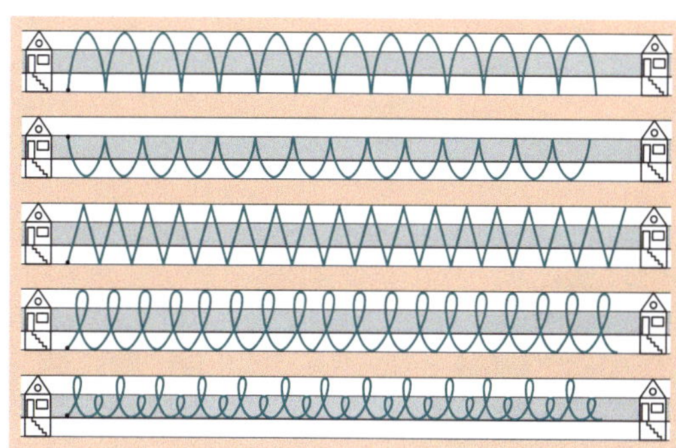

Was ist gleich? Fahre farbig nach.

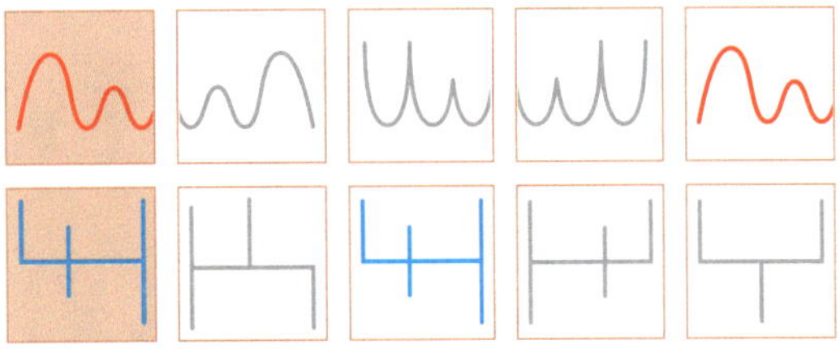

F RAFTNFSFPAFT

L BLEMZLEWELXL

M LTMIPMCINIKIM

R ZRYOPROMBRO

S WSUTRSPUSXM

Was klingt am Anfang anders? Streiche durch.

Male das Bild farbig aus.

A E I O U
F L M S R

Schneide die Karten aus. Spiele Domino.

Domino: Lege immer zwei Karten mit Bildern, die sich reimen, aneinander.
Selbstkontrolle: Das erste und letzte Bildwort müssen sich reimen.

Schneide die Karten aus. Spiele Hör hin.

Hör hin: Alle Karten werden verdeckt ausgelegt und gemischt. Der Reihe nach deckt jeder immer eine Karte auf. Liegen zwei Karten offen aus, die die gleiche Silbenanzahl haben, musst du schnell reagieren. Wer jetzt als erster „Passt!" ruft und auf die beiden Karten zeigt, darf das Paar vor sich ablegen und die nächste Karte aufdecken. Gewonnen hat das Kind mit den meisten Karten.

Du kannst auch Hör hin spielen (Seite 61).

Schneide die Karten aus. Spiele Memo.

Memo: Zwei Karten mit gleichem Anlaut bilden ein Paar.
Wer findet die meisten Paare?

Was gehört in welchen Koffer? Verbinde.

Fahre die grauen Linien nach.
Male dann das Bild farbig aus.

Fahre die grauen Linien nach.
Male dann das Bild farbig aus.

Was ist gleich? Kreise ein.

Fahre die Buchstaben nach.
Übertrage sie dann in das Gitter.

I

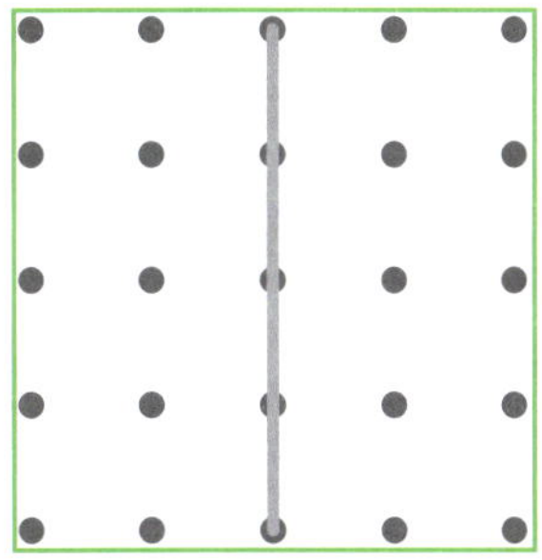

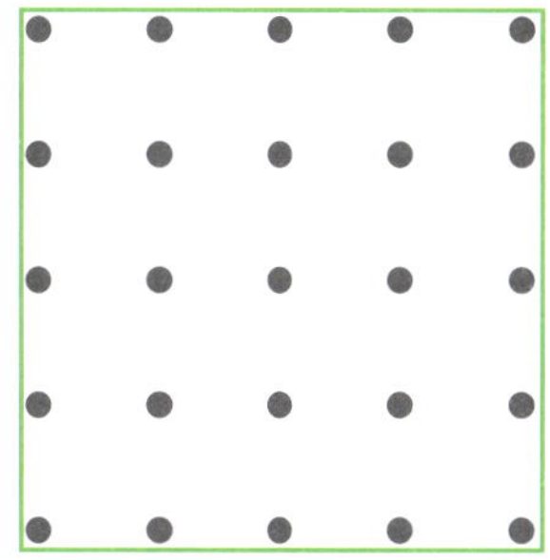

E

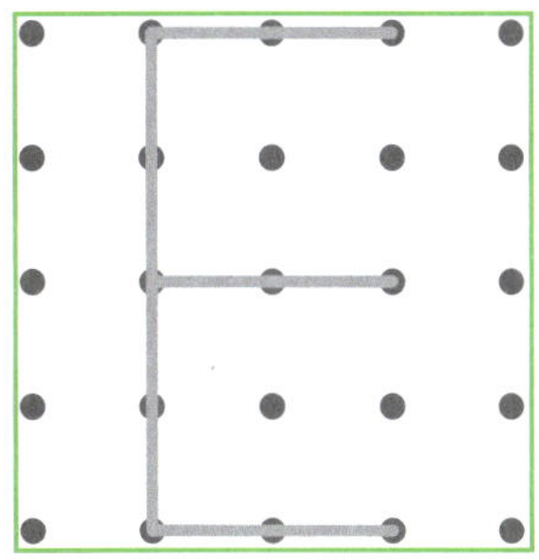

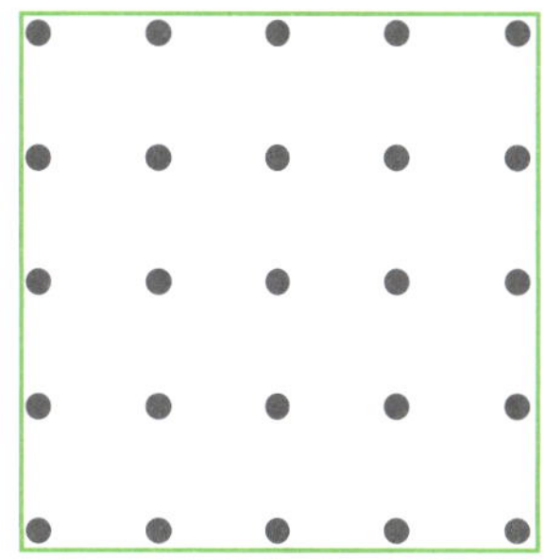

U

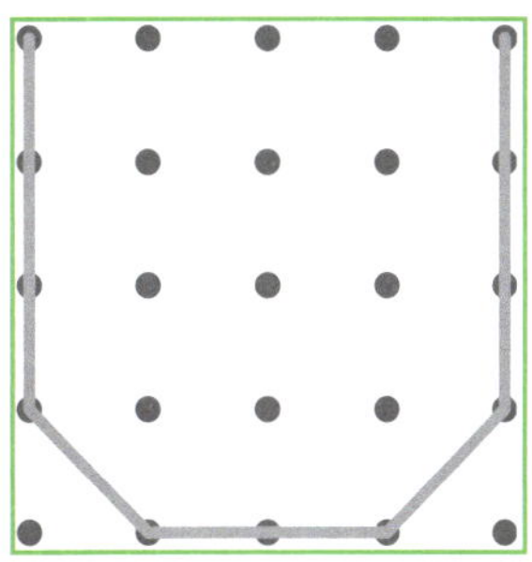

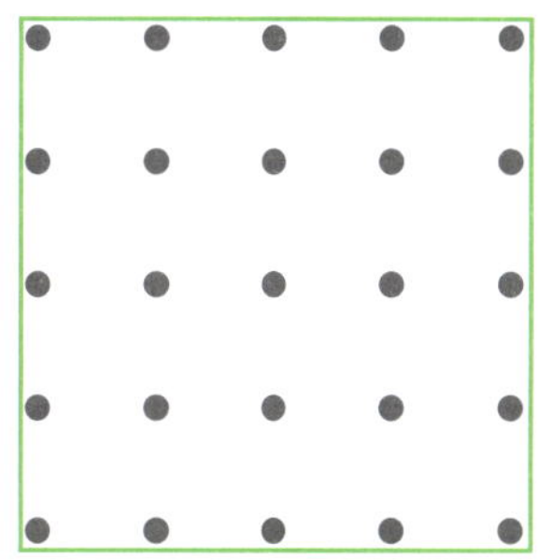

O

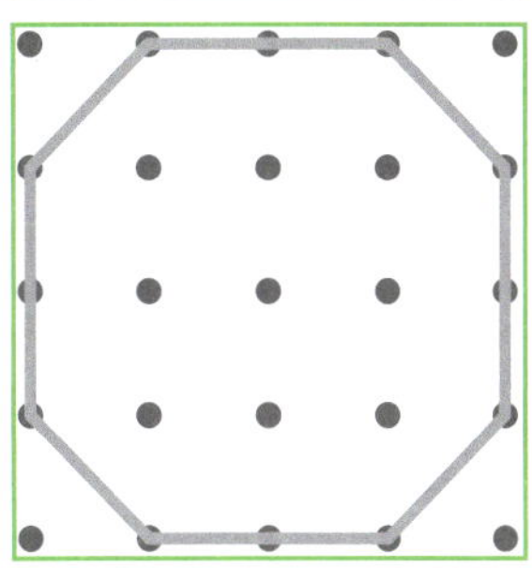

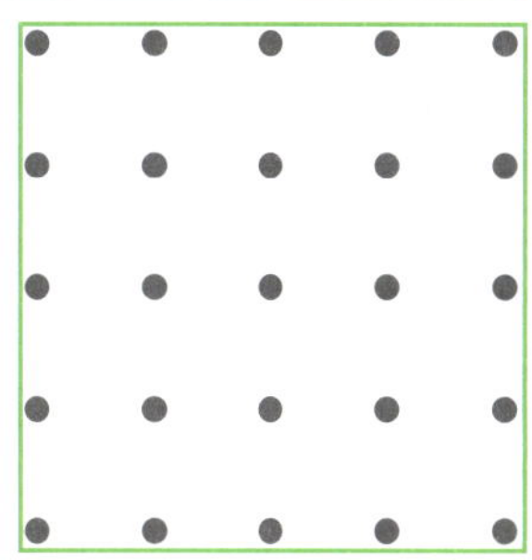

A

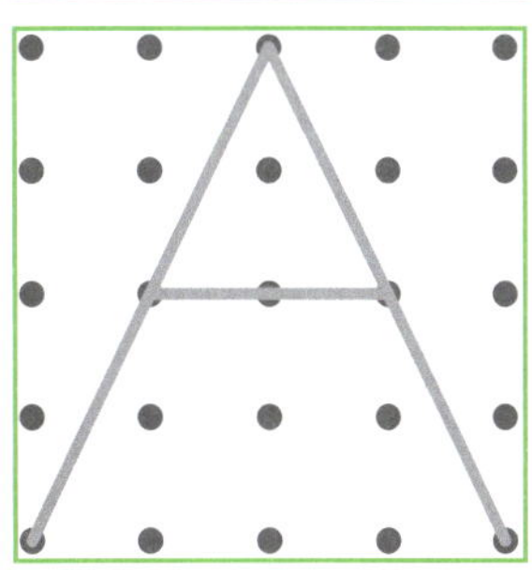

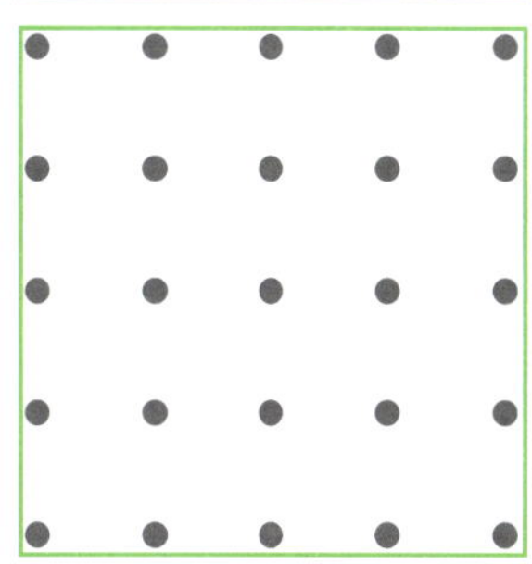

Was hört sich am Anfang anders an? Streiche durch.

A

E

I

O

U

Schwinge die Silben und male die Silbenbögen.
Was hört sich am Anfang gleich an? Verbinde.

Was gehört zusammen? Verbinde.

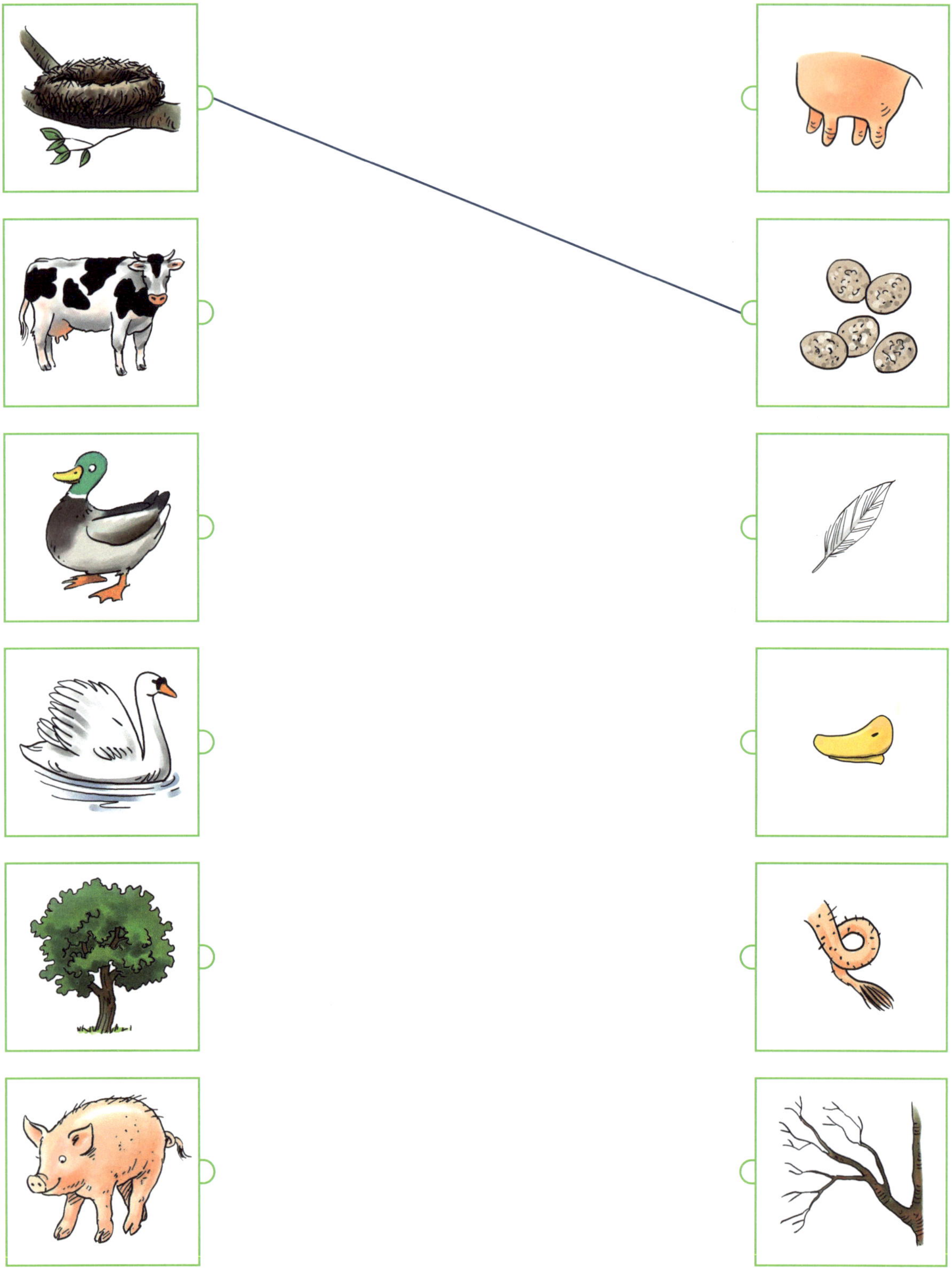

Wo sind die 10 ⁘ ⁘ Fehler im Bild? Kreise sie ein.

Was gehört zusammen? Verbinde.

Verbinde die Bilder zu einer Geschichte.
Male dann die drei Bilder aus.

Fahre auf den Fahrbahnen mehrere Achter-Runden nach.
Male dann das Bild farbig aus.

Fahre die grauen Linien nach.
Male dann das Bild farbig aus.

Welche Schilder gehören zusammen? Verbinde.

Male die Schilder gleich an. Weißt du, was sie bedeuten?

Was ist gleich? Fahre farbig nach.

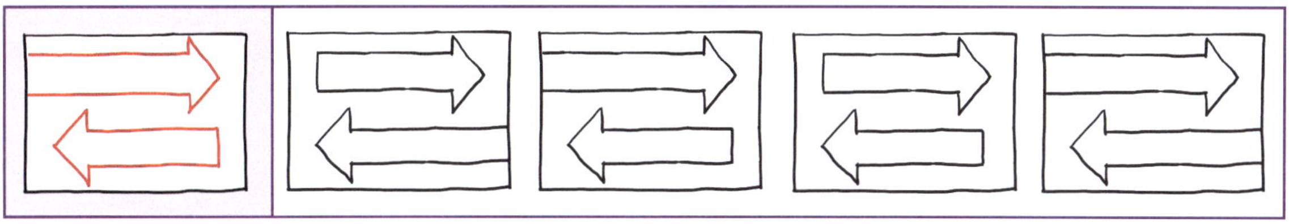

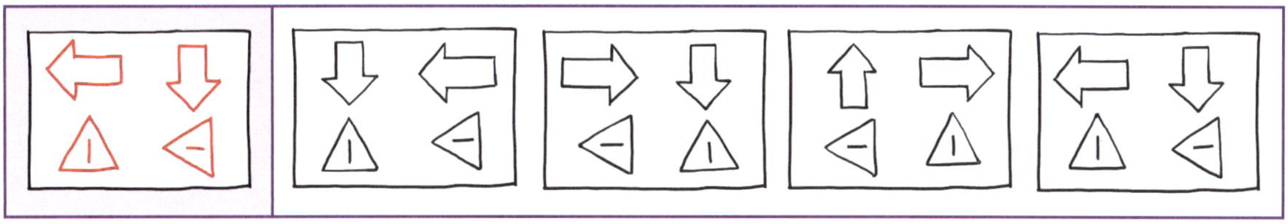

	A	RATNASPAXLAV
	E	BEMZEWEXLTEF
	I	LTIPCINIKIZRNIL
	O	ZYOPOMBOTON
	U	SWUTUPUXVUY

Was hört sich am Anfang anders an? Streiche durch.

Schwinge die Silben und male die Silbenbögen.
Was hört sich am Anfang gleich an? Verbinde.

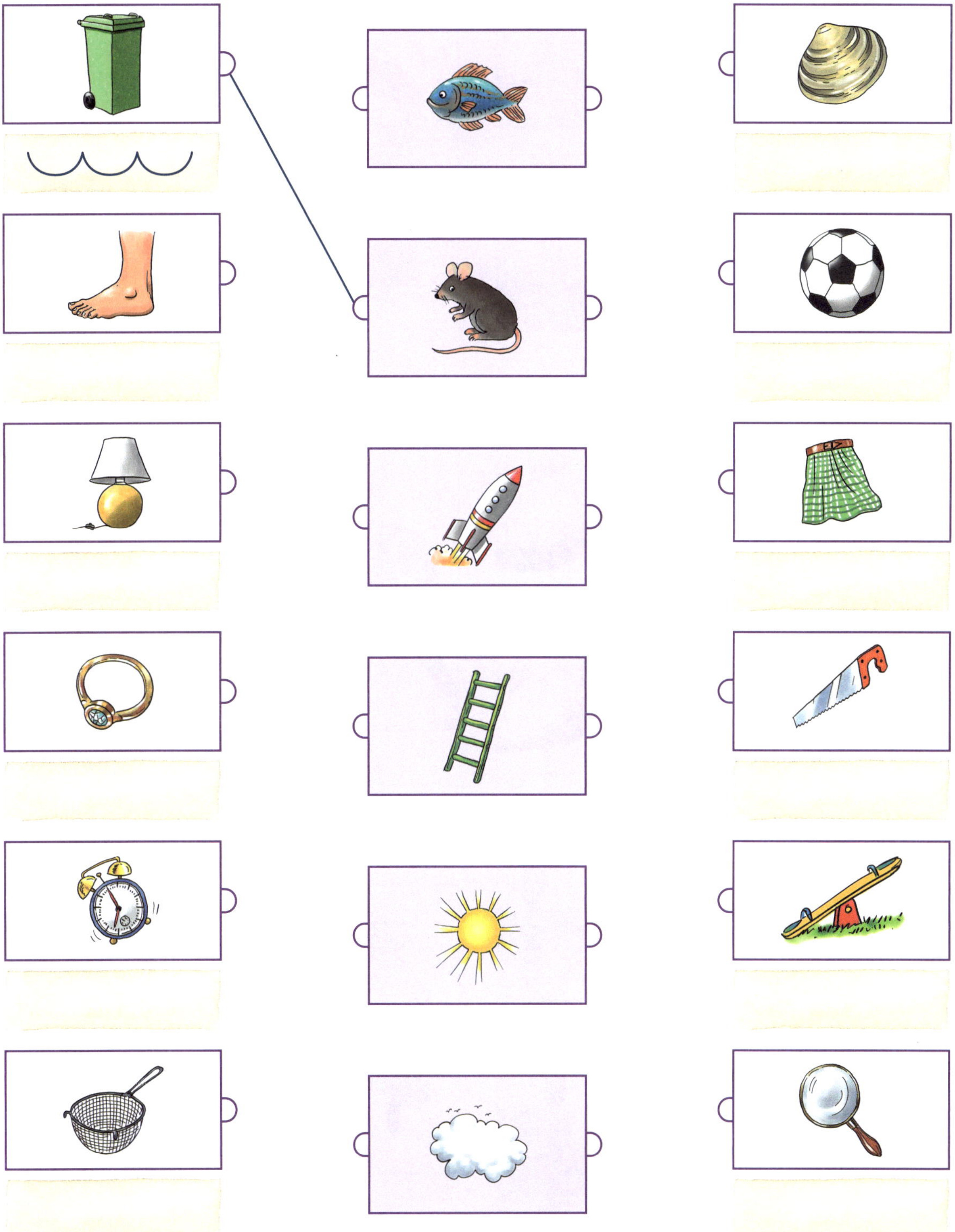

Was passiert nun? Verbinde.

Was gehört zusammen? Verbinde.

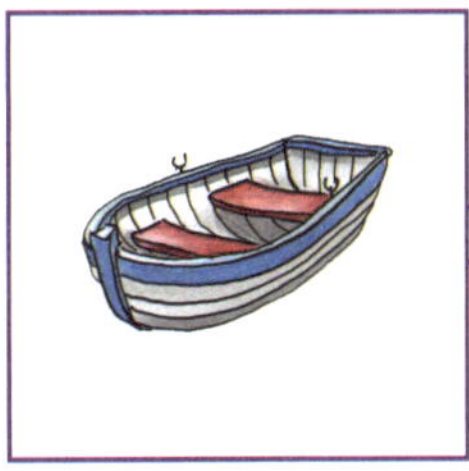
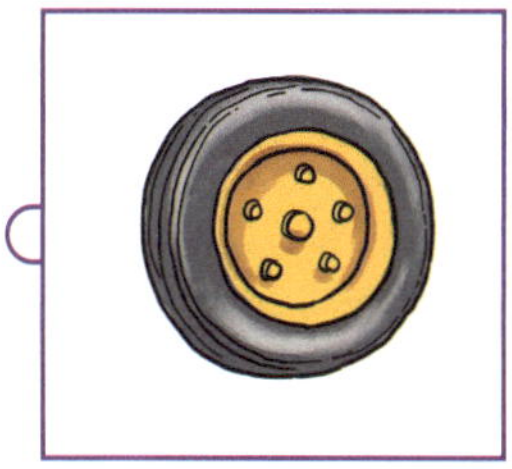

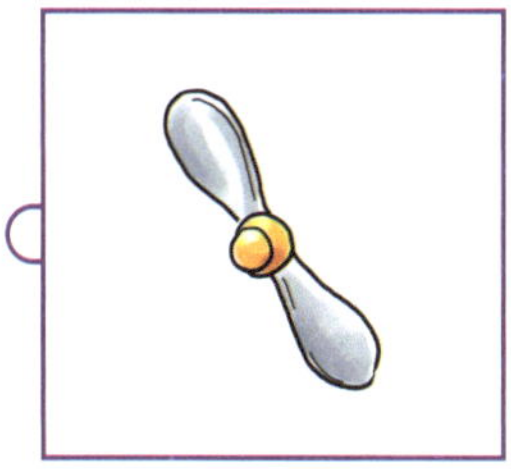

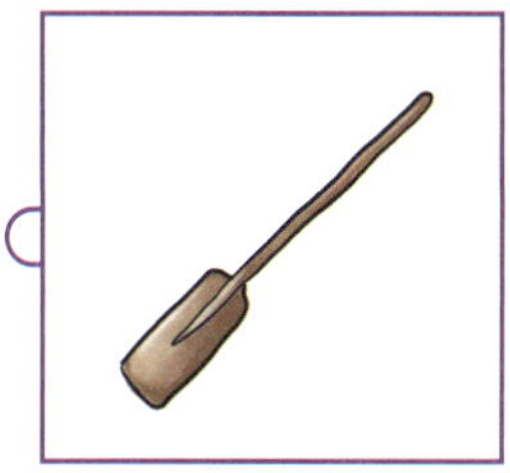

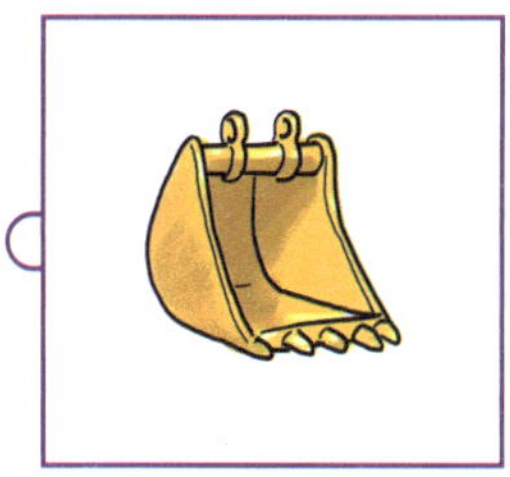

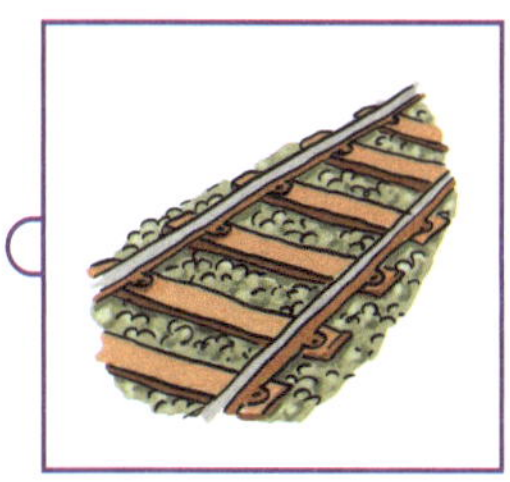

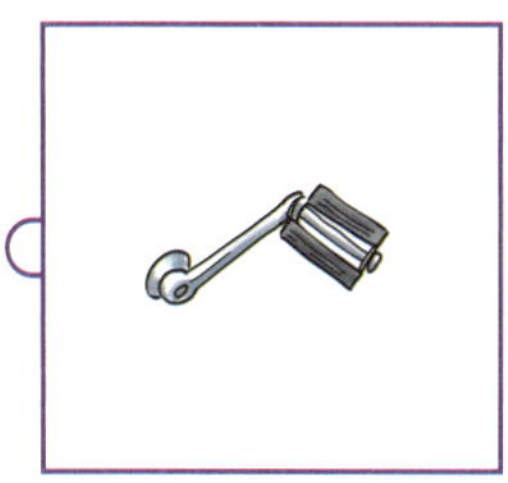

Was gehört zusammen? Verbinde.

Verbinde die Bilder zu einer Geschichte.
Male dann die drei Bilder aus.

Fahre die Formen auf der Tafel nach.
Male sie dann in den Linien weiter.

Fahre die Formen auf dem Zettel nach.
Male sie dann in den Linien weiter.

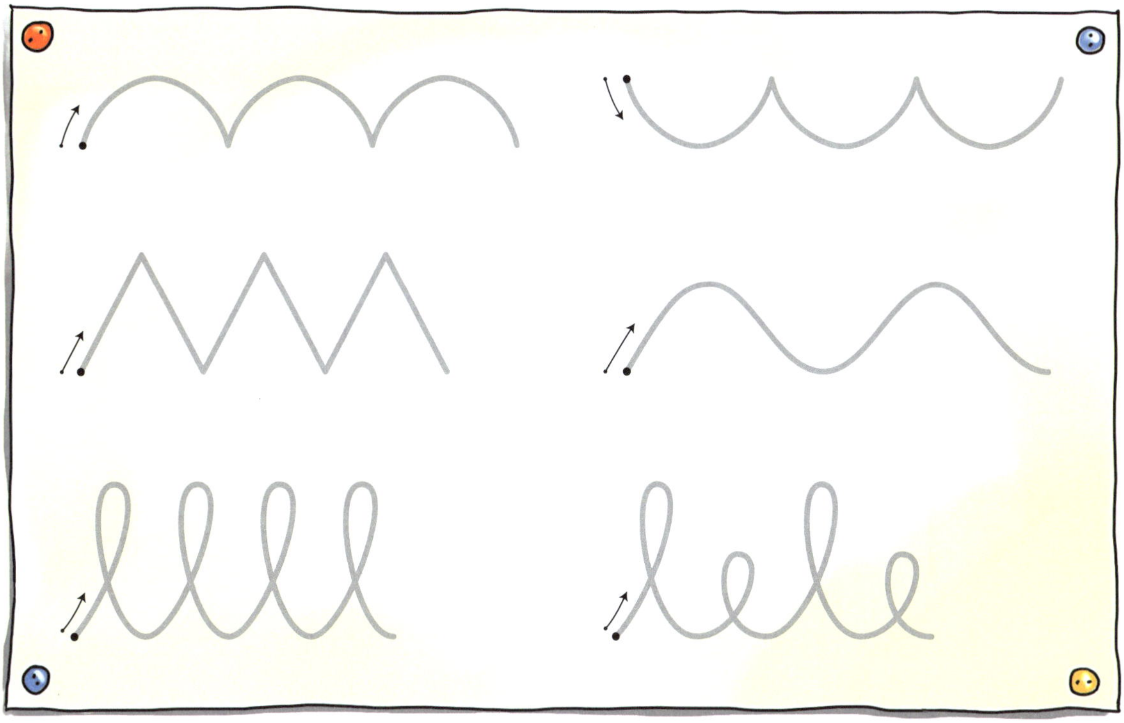

Was ist gleich? Fahre farbig nach.

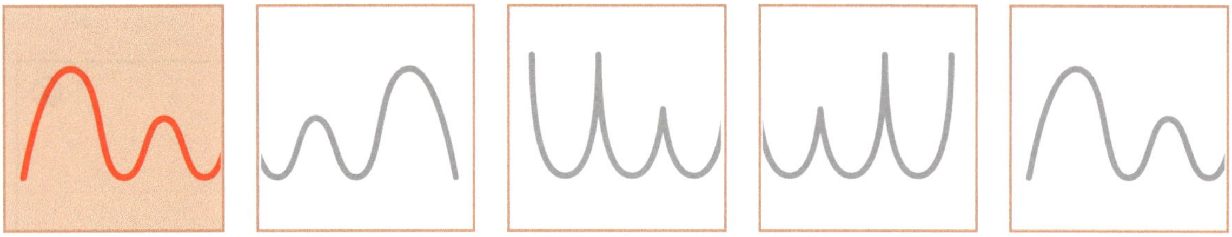

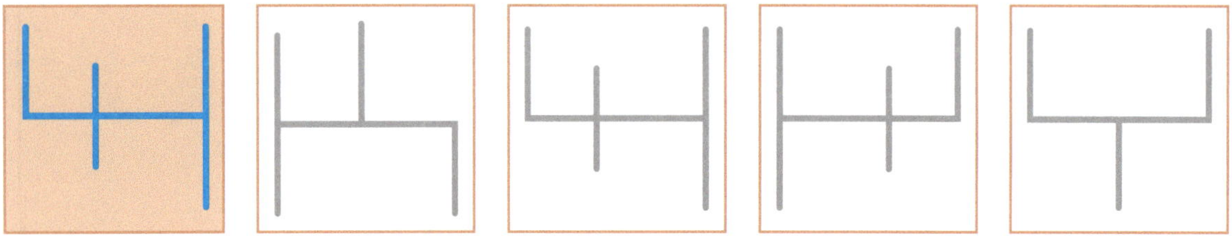

	F	RAFTNFSFPAFT
	L	BLEMZLEWELXL
	M	LTMIPMCINIKIM
	R	ZRYOPROMBRO
	S	WSUTRSPUSXM

Was klingt am Anfang anders? Streiche durch.

Male das Bild farbig aus.

Schneide die Karten aus. Spiele Domino.

Domino: Lege immer zwei Karten mit Bildern, die sich reimen, aneinander.
Selbstkontrolle: Das erste und letzte Bildwort müssen sich reimen.

Schneide die Karten aus. Spiele Hör hin.

Hör hin: Alle Karten werden verdeckt ausgelegt und gemischt. Der Reihe nach deckt jeder immer eine Karte auf. Liegen zwei Karten offen aus, die die gleiche Silbenanzahl haben, musst du schnell reagieren. Wer jetzt als erster „Passt!“ ruft und auf die beiden Karten zeigt, darf das Paar vor sich ablegen und die nächste Karte aufdecken. Gewonnen hat das Kind mit den meisten Karten.

Du kannst auch Hör hin spielen (Seite 61).

Schneide die Karten aus. Spiele Memo.

Memo: Zwei Karten mit gleichem Anlaut bilden ein Paar.
Wer findet die meisten Paare?